Ranas Goliat

Grace Hansen

Abdo Kids Jumbo es una subdivisión de Abdo Kids
abdobooks.com

abdobooks.com

Published by Abdo Kids, a division of ABDO, P.O. Box 398166, Minneapolis, Minnesota 55439.

102018

012019

Spanish Translator: Maria Puchol

Photo Credits: Alamy, Getty Images, iStock, Minden Pictures, Science Source, ©NHPA p.5,19/Photoshot

Production Contributors: Teddy Borth, Jennie Forsberg, Grace Hansen

Design Contributors: Dorothy Toth, Laura Mitchell

Library of Congress Control Number: 2018953919

Publisher's Cataloging-in-Publication Data

Names: Hansen, Grace, author.

Title: Ranas Goliat / by Grace Hansen.

Other title: Goliath frogs

Description: Minneapolis, Minnesota : Abdo Kids, 2019 | Series: Especies extraordinarias | Includes online resources and index.

Identifiers: ISBN 9781532184086 (lib. bdg.) | ISBN 9781532185168 (ebook)

Subjects: LCSH: Frogs--Juvenile literature. | Body size--Juvenile literature. | Animals--Size--Juvenile literature. | Animal Behavior--Juvenile literature. | Spanish language materials--Juvenile literature.

Classification: DDC 597.89--dc23

Contenido

¡Goliat significa gigante!

¡Las ranas Goliat son las ranas más grandes del mundo! Solamente se encuentran en los **bosques lluviosos** al oeste de África.

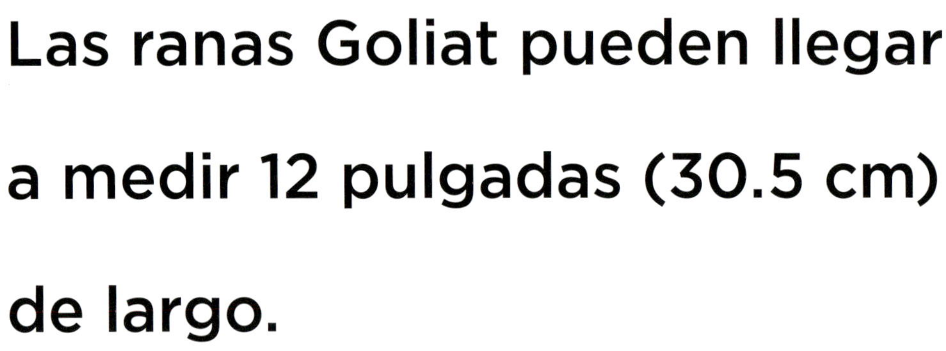

Las ranas Goliat pueden llegar a medir 12 pulgadas (30.5 cm) de largo.

Con las patas estiradas, ¡puede medir más de 3 pies (91.4 cm) de largo!

Pueden pesar más de 7 libras (3.2 kg). ¡Eso es tanto como algunos gatos domésticos!

¡Las ranas Goliat tienen los ojos muy grandes! Pueden llegar a medir 1 pulgada (2.5 cm) de **diámetro**.

Las ranas Goliat tienen patas fuertes. ¡Pueden saltar más de 10 pies (3.0 m)!

Alimentación

Las ranas Goliat duermen durante el día. Salen por la noche para buscar comida.

A las ranas Goliat les gusta comer peces y otras ranas. ¡Incluso comen pequeños **mamíferos**, como murciélagos y ratones!

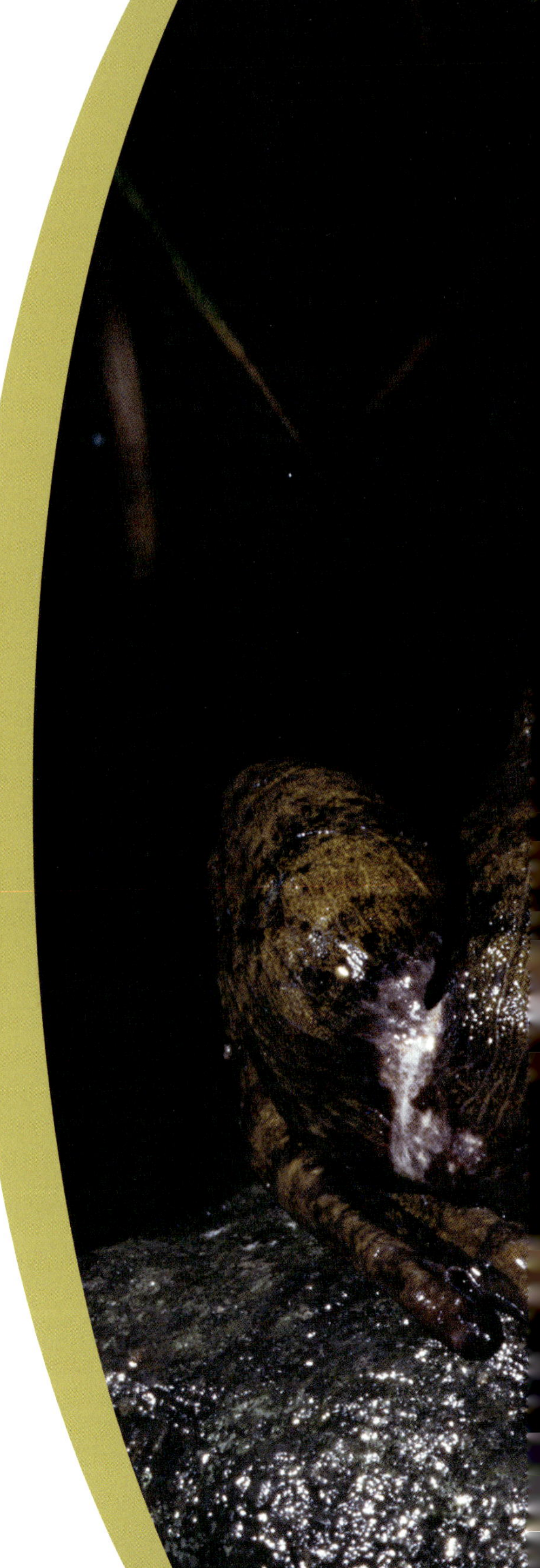

Crías de ranas Goliat

Los **renacuajos** de rana Goliat son del mismo tamaño que los renacuajos de otras ranas. ¡Pero crecen hasta hacerse enormes! Pueden vivir más de 15 años.

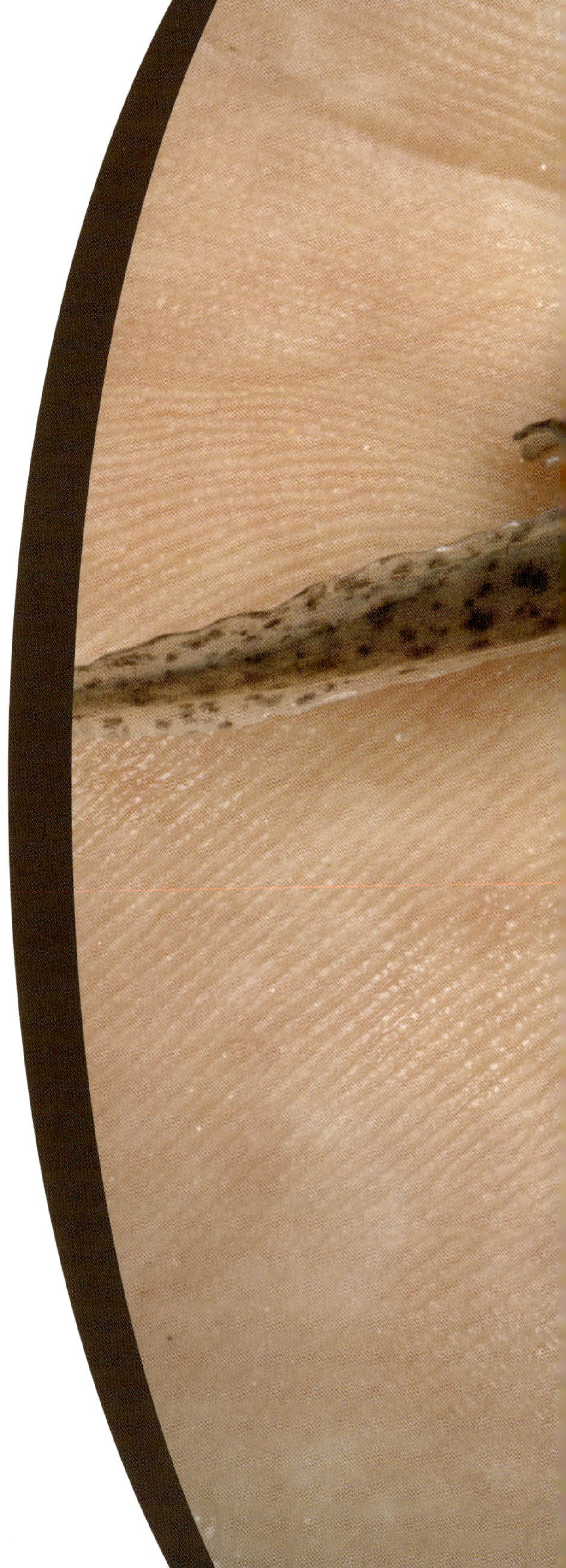

Más datos

- Las ranas Goliat macho son más grandes que las hembras.
- Las ranas Goliat no hacen ningún sonido. Si lo pudiesen hacer, ¡seguro que croarían muy fuerte!
- Las ranas Goliat existen desde hace mucho tiempo. ¡Ya vivían en la época de los dinosaurios!

Glosario

bosque lluvioso – bosque tropical con frecuentes lluvias anuales y muchas plantas.

diámetro – anchura máxima de un círculo, una esfera o un cilindro.

mamífero – animal de sangre caliente con la piel cubierta de pelo y con esqueleto dentro de su cuerpo.

renacuajo – rana joven.

Índice

¡Visita nuestra página **abdokids.com** y usa este código para tener acceso a juegos, manualidades, videos y mucho más!